FANTASY K 1

COLORING

30 amazing illustrations:

dragons • fairies • birds • mermaids • horses

A beautiful coloring book featuring
the Fantasy illustrations of Alena Lazareva .

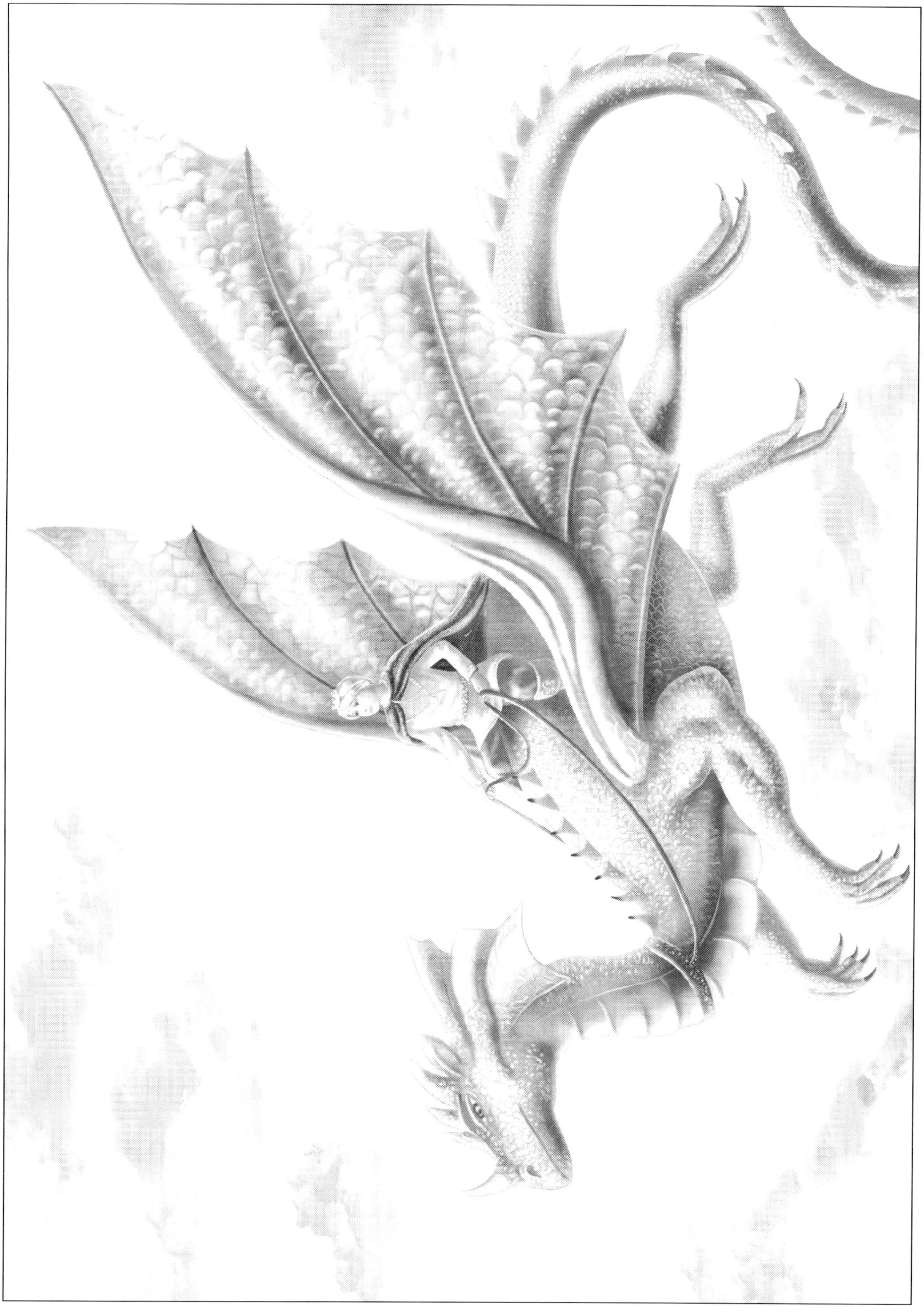

Artist: **Alena Lazareva**

I'm a digital illustrator who mostly works in fantasy style.

I like to represent fairies, angels, mermaids and mystical images.

My artworks are published in magazines of different countries (England, Australia, Italy, Russia).

My inspirations come for many places. Travel, animals, nature, emotions, my family, life!

website: **www.alenalazareva.com**

COLORING BOOKS

Available on Amazon www.amazon.com/author/alenalazareva

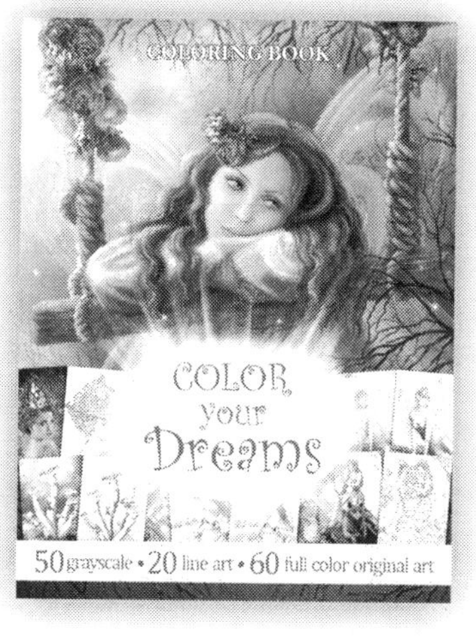

Please see my **PRINTABLE coloring pages and books** on my **Etsy Shop!**

INSTANT DOWNLOAD!

www.etsy.com/shop/FantasyAlenaLazareva

discount of 30%   Use Code: GIFT30

Happy coloring!

67952573R00038

Made in the USA
San Bernardino, CA
29 January 2018